未完成의
미 완 성

明心寶鑑
명 심 보 감

筆 寫
필   사

著 : 柳賢授

도서출판 保惠

서 문

필사와 필기의 개념을 먼저 생각을 하려고 합니다.
필사는 말 그대로 글 위에 글을 따라 그리는 형태를 말하고
필기는 글을 받아 적거나 글을 보고 백지면 위에 글을 쓰는
형태를 말합니다.
이 책은 제목처럼 필사입니다.
악필이라고 하는 난필을 교정하고 자기 자신의 필체를 찾는
일에 도움이 되었으면 합니다.
필사 연습을 하며는 처음에는 모방을 하지만 오랜 시간이
지나면 자신도 모르는 사이에 자신만의 필체를 만들어가며
생활에서 마음 속 깊이 자부심이 심어지며 인내력과 정신력
이 깊이 향상되어 가고 있는 것을 깨닫게 될 것입니다.

도서출판 保惠

柳賢授 拜上

구분	明心寶鑑 目次	페이지
01	繼善篇	05-12
02	天命篇	13-16
03	順命篇	17-19
04	孝行篇	20-23
05	正己篇	24-45
06	安分篇	46-48
07	存心篇	49-60
08	戒性篇	61-71
09	勤學篇	72-77
10	訓子篇	78-83
11	省心篇 上	84-134
12	立敎篇	135-156
13	治政篇	157-165
14	治家篇	166-168
15	安義篇	169-172
16	遵禮篇	173-176
17	言語篇	177-179
18	交友篇	180-184
19	婦行篇	185-191
20	增補篇	192-193
21	八反歌八首	194-202
22	孝行-續篇	203-212
23	廉義篇	213-222
24	勸學篇	223-225
25	終-板權誌	227

明心寶鑑
명 심 보 감

01. 繼善篇
계 선 편

①

子曰
자 왈

爲善者
위 선 자

天報之以福
천 보 지 이 복

爲不善者
위 불 선 자

天報之以禍
천 보 지 이 화

②

漢 昭 烈
한 소 열

將 終
장 종

勅 後 主 曰
칙 후 주 왈

勿 以 善 小 而 不 爲
물 이 선 소 이 불 위

勿 以 惡 小 而 爲 之
물 이 악 소 이 위 지

③

莊 子 曰
장 자 왈

一 日 不 念 善
일 일 불 념 선

諸 惡
제 악

皆 自 起
개 자 기

④

太 公 曰
태 공 왈

見 善 如 渴
견 선 여 갈

聞 惡 如 聾
문 악 여 롱

又 曰 善 事
우 왈 선 사

須 貪
수 탐

惡 事
악 사

莫 樂
막 락

⑤

馬 援 曰
마 원 왈

終 身 行 善
종 신 행 선

善猶不足
선 유 부 족

一日行惡
일 일 행 악

惡自猶餘
악 자 유 여

⑥

司馬溫公曰
사 마 온 공 왈

積金以遺子孫
적 금 이 유 자 손

未必子孫
미 필 자 손

能盡守
능 진 수

積書以遺子孫
적 서 이 유 자 손

未必子孫
미 필 자 손

明心寶鑑 筆寫 ①繼善篇

讀 盡 能
독 진 능

德 陰 積 如 不
덕 음 적 여 불

中 之 冥 冥 於
중 지 명 명 어

也 計 之 孫 子 爲 以
야 계 지 손 자 위 이

⑦

景行錄曰
경행록왈

恩 義
은 의

廣 施
광 시

人 生 何 處 不 相 逢
인 생 하 처 불 상 봉

讐 怨
수 원

結 막
莫 결

處 狹 逢 路
처 협 봉 로

避 回 難
피 회 난

⑧

莊 子 曰
장 자 왈

者 善 我 於
자 선 아 어

之 善 亦 我
지 선 역 아

者 惡 我 於
자 악 아 어

之 善 亦 我
지 선 역 아

人 於 旣 我
인 어 기 아

惡無 我於 能人 惡無哉
악무 아어 능인 악무재

⑨

東岳聖帝垂訓曰
동악성제수훈왈

一日行善
일일행선

福雖未至
복수미지

禍者遠矣
화자원의

一日行惡
일일행악

禍雖未至
화수미지

明心寶鑑 筆寫 ①繼善篇

矣 遠 者 福
의 원 자 복

人 之 善 行
인 지 선 행

草 之 園 春 如
초 지 원 춘 여

長 其 見 不
장 기 견 불

增 所 有 日
증 소 유 일

人 之 惡 行
인 지 악 행

石 之 刀 磨 如
석 지 도 마 여

損 其 見 不
손 기 견 불

虧 所 有 日
휴 소 유 일

子曰見善如不及
자 왈 견 선 여 불 급

見不善如探湯
견 불 선 여 탐 탕

02. 天命篇
천 명 편

①

子曰順天者
자 왈 순 천 자

存
존

逆天者
역 천 자

亡
망

②

康節邵先生曰
강 절 소 선 생 왈

明心寶鑑 筆寫 ② 天命篇

天聽 寂無音
천청 적무음

蒼蒼何處尋
창창하처심

非高亦非遠
비고역비원

都只在人心
도지재인심

③

玄帝垂訓曰
현제수훈왈

人間私語
인간사어

天廳若雷
천청약뢰

明心寶鑑 筆寫 ②天命篇

心 欺 室 暗
심 기 실 암

目 神
목 신

電 如
전 여

④

云 書 智 益
운 서 지 익

惡
악

滿 若
만 약

之 誅 必 天
지 주 필 천

⑤

曰 子 莊
왈 자 장

人 若
인 약

作不善
작 불 선

得顯名者
득 현 명 자

人雖不害
인 수 불 해

天必戮之
천 필 육 지

⑥

種瓜得瓜
종 과 득 과

種豆得豆
종 두 득 두

天網
천 망

恢恢
회 회

疎而不漏
소 이 불 루

⑦

子曰
자 왈

獲罪於天
획 죄 어 천

無所禱也
무 소 도 야

03. 順命篇
순 명 편

①

子曰
자 왈

死生
사 생

有命
유 명

富貴在天
부 귀 재 천

明心寶鑑 筆寫 ③順命篇

②

萬事分已定
만 사 분 이 정

浮生空自忙
부 생 공 자 망

③

景行錄云
경 행 록 운

禍不可倖免
화 불 가 행 면

福不可再求
복 불 가 재 구

④

時來風送滕王閣
시 래 풍 송 등 왕 각

運退雷轟薦福碑
운 퇴 뢰 굉 천 복 비

⑤

明心寶鑑 筆寫 ③順命篇

列子曰
열 자 왈

痴聾痼
치 롱 고

家豪富
가 호 부

智慧聰明
지 혜 총 명

却受貧
각 수 빈

年月日時該載定
년 월 일 시 해 재 정

算來由命不由人
산 래 유 명 불 유 인

04. 孝行篇
효행편

①

詩曰
시 왈

父兮生我
부 혜 생 아

母兮鞠我
모 혜 국 아

哀哀父母
애 애 부 모

生我勞
생 아 로

欲報深恩
욕 보 심 은

昊天罔極
호 천 망 극

②

明心寶鑑 筆寫 ④孝行篇

子曰
자 왈

孝子之事親也
효 자 지 사 친 야

居則致其敬
거 칙 치 기 경

養則致其樂
양 칙 치 기 락

病則致其憂
병 칙 치 기 우

喪則致其哀
상 칙 치 기 애

祭則致其嚴
제 칙 치 기 엄

③

子曰
자 왈

父母在
부 모 재

不遠遊
불 원 유

遊必有方
유 필 유 방

④

子曰
자 왈

父命召
부 명 소

唯而不諾
유 이 불 락

食在口則吐之
식 재 구 칙 토 지

⑤

太公曰
태 공 왈

孝於親
효 어 친

子亦孝之
자 역 효 지

身既不孝
신 기 불 효

子何孝焉
자 하 효 언

⑥

孝順
효 순

還生孝順子
환 생 효 순 자

五逆
오 역

還生逆子
환 생 역 자

不信
불 신

但看頭水
단 간 두 수

點點滴滴不差移
점 점 적 적 불 차 이

05. 正己篇
정 기 편

①

性理書云
성 리 서 운

見人之善而
견 인 지 선 이

尋其之善
심 기 지 선

見人之惡而
견 인 지 악 이

尋其之惡
심 기 지 악

如此
여 차

方是有益
방 시 유 익

②

景行錄云
경 행 록 운

大丈夫
대 장 부

當容人
당 용 인

無爲人所容
무 위 인 소 용

③

太公曰
태 공 왈

勿以貴己而賤人
물 이 귀 기 이 천 인

勿以自大而蔑小
물 이 자 대 이 멸 소

勿以恃勇而輕敵
물 이 시 용 이 경 적

④

馬援曰
마 원 왈

聞人之過失
문 인 지 과 실

如聞父母之名
여 문 부 모 지 명

耳可得聞
이 가 득 문

口不可言也
구 불 가 언 야

⑤

康節邵先生曰
강 절 소 선 생 왈

聞人之謗
문 인 지 방

未嘗怒
미 상 노

聞人之譽
문 인 지 예

未嘗喜
미 상 희

聞人之惡
문 인 지 악

未嘗和
미 상 화

聞人之善則
문 인 지 선 칙

就而和之
취 이 화 지

又從而喜之
우 종 이 희 지

其詩曰
기 시 왈

樂見善人
낙 견 선 인

樂聞善事
락 문 선 사

樂道善言
락 도 선 언

樂 行 善 意
락 행 선 의

聞 人 之 惡
문 인 지 악

如 負 芒
여 부 망

聞 人 之 善
문 인 지 선

如 佩 蘭 蕙
여 패 난 혜

⑥

道 吾 善 者
도 오 선 자

是 吾 賊
시 오 적

道 吾 惡 者
도 오 악 자

是 吾 師
시 오 사

⑦

太公曰
태 공 왈

勤爲無價之寶
근 위 무 가 지 보

愼是護身之符
신 시 호 신 지 부

⑧

景行錄曰
경 행 록 왈

保生者
보 생 자

寡慾
과 욕

保身者
보 신 자

避名
피 명

無慾
무 욕

明心寶鑑 筆寫 ⑤ 正己篇

易 無 名 難
이 무 명 난

⑨

子 曰
자 왈

君子有三戒
군자 유 삼 계

少之時
소 지 시

血氣未定
혈 기 미 정

戒之在色
계 지 재 색

及其長也
급 기 장 야

血氣方剛
혈 기 방 강

戒之在鬪
계 지 재 투

及其老也
급 기 노 야

血氣旣衰
혈 기 기 쇠

戒之在得
계 지 재 득

⑩

孫眞人養生銘云
손 진 인 양 생 명 운

怒甚偏傷氣
노 심 편 상 기

思多太損神
사 다 태 손 신

神疲心易役
신 피 심 이 역

因 相 病 弱 氣
인 상 병 약 기

極 歡 悲 使 勿
극 환 비 사 물

均 食 飲 令 當
균 식 음 령 당

醉 夜 防 三 再
취 야 방 삼 재

嗔 晨 戒 一 第
진 신 계 일 제

⑪

曰 錄 行 景
왈 록 행 경

爽 神 精 淡 食
상 신 정 담 식

安 寐 夢 清 心
안 매 몽 청 심

⑫

物 應 心 定
물 응 심 정

雖不讀書
수 불 독 서

可以爲有德君子
가 이 위 유 덕 군 자

⑬

近思錄云
근 사 록 운

懲忿
징 분

如故人
여 고 인

窒慾
질 욕

如防水
여 방 수

⑭

夷堅志云
이 견 지 운

避色
피 색

雙如避
수 피 여

避風
피 풍

箭避如
전 피 여

茶心空喫莫
다 심 공 끽 막

飯夜中食小
반 야 중 식 소

⑮

曰子荀
왈 자 순

辯之用無
변 지 용 무

察之急不
찰 지 급 불

治勿而棄
치 물 이 기

⑯
子曰
자 왈
衆之
중 지
好 必察焉
호 필 찰 언
衆之
중 지
惡 必察焉
오 필 찰 언

⑰
酒中不語
주 중 불 어
眞君子
진 군 자

明分上財
명 분 상 재

夫丈大
대 장 부

⑱ 寬從事萬
만 사 종 관

厚自福其
기 복 자 후

⑲

曰公太
태 공 왈

人他量慾
욕 량 타 인

量自須先
선 수 자 량

語之人傷
상 인 지 어

傷自是還
환 시 자 상

明心寶鑑 筆寫 ⑤ 正己篇

含 血 噴 人
함 혈 분 인
先 汚 其 口
선 오 기 구

⑳
凡 戲 無 益
범 희 무 익
惟 勤 有 功
유 근 유 공

㉑
太 公 曰
태 공 왈
瓜 田 不 納 履
과 전 불 납 리

李下不正冠
이하부정관

㉒ 景行錄曰
경행록왈

心可逸
심가일

形不可不勞
형불가불로

道可樂
도가락

心不可不憂
심불가불우

形不勞則怠惰易弊
형불로칙태타이폐

心不憂則
심불우칙

荒淫不定故
황음부정고

逸生於勞而常休
일생어로이상휴

樂生於憂而無厭
락생어우이무염

逸樂者
일락자

憂勞
우로

豈可忘乎
기가망호

㉓

耳不聞人之非
이불문인지비

目不視人之短
목불시인지단

口不言人之過
구불언인지과

明心寶鑑 筆寫 ⑤正己篇

庶幾君子
서 기 군 자

㉔

蔡伯皆曰
채 백 개 왈

喜怒
희 노

在心
재 심

言出於口
언 출 어 구

不可不愼
불 가 불 신

㉕

宰予晝寢
재 여 주 침

子曰
자 왈

朽木
후 목

不可雕也
불 가 조 야

糞土之墻
분 토 지 장

不可圬也
불 가 오 야

㉖

紫虛元君誠
자 허 원 군 성

諭心文曰
유 심 문 왈

福生於清儉
복 생 어 청 검

德生於卑退
덕 생 어 비 퇴

道生於安靜
도 생 어 안 정

命生於和暢
명 생 어 화 창

慾多於生憂
욕 다 어 생 우

貪多於生禍
탐 다 어 생 화

慢輕於生過
만 경 어 생 과

仁不於生罪
인 불 어 생 죄

非他看莫眼戒
비 타 간 막 안 계

短他談莫口戒
단 타 담 막 구 계

嗔貪自莫心戒
진 탐 자 막 심 계

伴惡隨莫身戒
반 악 수 막 신 계

言之益無
언 지 익 무

說妄莫
막 망 설

明心寶鑑 筆寫 ⑤正己篇

不干己事
불 간 기 사

莫妄爲
막 망 위

尊君王孝父母
존 군 왕 효 부 모

敬尊長奉有德
경 존 장 봉 유 덕

別賢憂恕無識
별 현 우 서 무 식

物順來而勿拒
물 순 래 이 물 거

物旣去而勿追
물 기 거 이 물 추

身未遇而勿望
신 미 우 이 물 망

事已過而勿思
사 이 과 이 물 사

聰明
총 명

明心寶鑑 筆寫 ⑤正己篇

昧 暗 多
매 암 다

計 算
계 산

宜 便 失
의 편 실

失 自 終 人 損
실 자 종 인 손

隨 相 禍 勢 依
수 상 화 세 의

心 在 之 戒
심 재 지 계

氣 在 之 守
기 재 지 수

家 亡 而 節 不 爲
가 망 이 절 불 위

位 失 而 廉 不 因
위 실 이 염 불 인

生 平 於 警 自 君 勸
생 평 어 경 자 군 권

可思可警而可歎
가사 가경 이 가탄

上臨之以天鑑
상임지이천감

下察之以地祇
하찰지이지기

明有三法相繼
명유삼법상계

暗有鬼神相隨
암유귀신상수

惟正可守
유정가수

心不可欺
심불가기

戒之戒之
계지계지

06 安分篇
안 분 편

①

景行錄云
경 행 록 운

知足可樂
지 족 가 락

務貪則憂
무 탐 칙 우

②

知足者
지 족 자

貧賤亦樂
빈 천 역 락

不知足者
부 지 족 자

富貴亦憂
부 귀 역 우

③

想 濫 徒 傷 身 妄 動 反 致 禍
상 남 도 상 신 망 동 반 치 화

④

足 常 足 知
족 상 족 지
終 身 不 辱
종 신 불 욕
知 止 常 止
지 지 상 지
終 身 無 恥
종 신 무 치

⑤

明心寶鑑 筆寫 ⑥安分篇

書曰 滿招損
서왈 만초손

謙受益
겸수익

⑥

安分吟曰
안분음왈

安分身無辱
안분신무욕

知機心自閑
지기심자한

雖居人世上
수거인세상

却是出人間
각시출인간

07. 存心篇
존심편

①

景行錄云
경행록운

坐密室
좌밀실

如通衢
여통구

馭寸心
어촌심

如六馬可免過
여육마가면과

②

擊壤詩云
격양시운

富貴
부귀

求 力 智 將 如
구 력 지 장 여

仲 尼
중 니

年 少 合 封 侯
년 소 합 봉 후

世 人
세 인

不 解 青 天 意
불 해 청 천 의

空 使 身 心 半 夜 愁
공 사 신 심 반 야 수

③

范 忠 宣 公
범 충 선 공

戒 子 弟 曰
계 자 제 왈

雖 至 愚
수 지 우

明心寶鑑 筆寫 ⑦ 存心篇

明明(명명) 則(칙) 人(인) 責(책)
昏昏(혼혼) 則(칙) 己(기) 有(유) 雖(수) 聰(총) 恕(서)
爾曹(이조)
但(단) 當(당) 以(이) 責(책) 人(인)
之心(지심) 責(책) 己(기)
恕己之心(서기지심)
恕(서) 人(인) 則(칙) 不(불) 患(환)
不(부) 到(도) 聖(성) 賢(현)
地位也(지위야)

④

子曰
자 왈

聰明思睿
총 명 사 예

守之以愚
수 지 이 우

功被天下
공 피 천 하

守之以讓
수 지 이 양

勇力振世
용 력 진 세

守之以怯
수 지 이 겁

富有四海
부 유 사 해

守之以謙
수 지 이 겸

⑤

素書云
소 서 운

薄施厚望者
박 시 후 망 자

不報
불 보

貴而忘賤者
귀 이 망 천 자

不久
불 구

⑥

施恩勿求報
시 은 물 구 보

與人勿追悔
여 인 물 추 회

⑦

孫思邈曰
손 사 막 왈

明心寶鑑 筆寫 ⑦存心篇

心 而 大 欲 膽
심 이 대 욕 담

小 欲
소 욕

方 欲 行 而 圓 欲 知
방 욕 행 이 원 욕 지

⑧

日 戰 臨 如 要 念 念
일 전 임 여 요 염 염

時 橋 過 似 常 心 心
시 교 과 사 상 심 심

⑨

樂 朝 朝 法 懼
락 조 조 법 구

憂 日 日 公 欺
우 일 일 공 기

⑩

朱文公曰
주 문 공 왈

守口如瓶
수 구 여 병

防意如城
방 의 여 성

⑪

心不負人
심 불 부 인

面無慙色
면 무 참 색

⑫

人無百歲人
인 무 백 세 인

枉作千年計
왕 작 천 년 계

⑬

寇萊公六悔銘云
구 래 공 육 회 명 운

官行私曲失時悔
관 행 사 곡 실 시 회

明心寶鑑 筆寫 ⑦ 存心篇

富不儉用貧時悔
부불검용빈시회

藝不少學過時悔
예불소학과시회

見事不學用時悔
견사불학용시회

醉後狂言醒時悔
취후광언성시회

安不將息病時悔
안부장식병시회

⑭

益智書云
익지서운

寧無事而家貧
영무사이가빈

莫有事而家富
막유사이가부

寧無事而住茅屋
영무사이주모옥

住金屋 事而 有 不
주금옥 사이 유 불
食序飯 而 病 無 寧
식서반 이 병 무 영
服良藥 而 病 有 不
복량약 이 병 유 불

⑮

穩屋茅 安 心
온옥모 안 심
香羹菜 定 性
향갱채 정 성

⑯

云錄行景
운록행경
者人責
자인책
交全不
교전부
者恕自
자서자

不改過
불 개 과

⑰

夙興夜寐
숙 흥 야 매

所思忠孝者
소 사 충 효 자

人不知
인 부 지

天必知之
천 필 지 지

飽食煖衣
포 식 난 의

怡然自衛者
이 연 자 위 자

身雖安
신 수 안

其如子孫
기 여 자 손

何
하

⑱

以 愛 妻 子 之 心
이 애 처 자 지 심

事 親 則 曲 盡 其 孝
사 친 칙 곡 진 기 효

以 保 富 貴 之 心
이 보 부 귀 지 심

奉 君 則 無 往 不 忠
봉 군 칙 무 왕 불 충

以 責 人 之 心
이 책 인 지 심

責 己 則 寡 過
책 기 칙 과 과

以 恕 己 之 心
이 서 기 지 심

恕 人 則 全 交
서 인 칙 전 교

⑲

爾謀不臧
이 모 부 장

悔之何及
회 지 하 급

爾見不長
이 견 부 장

教之何益
교 지 하 익

利心專則背道
이 심 전 칙 배 도

私意確則滅公
사 의 확 칙 멸 공

⑳

生事事生
생 사 사 생

省事事省
성 사 사 성

08. 戒性篇
계 성 편

①

景行錄云
경 행 록 운

人性
인 성

如水
여 수

水一傾則不可復
수 일 경 칙 불 가 복

性一從則不可反
성 일 종 칙 불 가 반

制水者
제 수 자

必以堤防
필 이 제 방

制 性 者
제 성 자

必 以 禮 法
필 이 예 법

②

忍 一 時 之 忿
인 일 시 지 분

免 百 日 之 憂
면 백 일 지 우

③

得 忍 且 忍
득 인 차 인

得 戒 且 戒
득 계 차 계

不 忍 不 戒
불 인 불 계

小 事 成 大
소 사 성 대

④

怒 嗔 生 濁 愚
노 진 생 탁 우
通 不 理 因 皆
통 불 리 인 개
火 上 心 添 休
화 상 심 첨 휴
風 邊 耳 作 只
풍 변 이 작 지

短 長
단 장

有 家 家
유 가 가
凉 炎
량 염
同 處 處
동 처 처
實 相 無 非 是
실 상 무 비 시

空成摠竟究
공 성 총 경 구

⑤

行欲張子
행 욕 장 자

子夫於辭
자 부 어 사

爲言一賜願
위 언 일 사 원

美之身修
미 지 신 수

子曰
자 왈

本之行百
백 행 지 본

上爲之忍
인 지 위 상

子張曰
자 장 왈

明心寶鑑 筆寫 ⑧戒性篇

何爲忍之
하 위 인 지

子曰
자 왈

天子忍之
천 자 인 지

國無害
국 무 해

諸侯忍之
제 후 인 지

成其大
성 기 대

官吏忍之
관 리 인 지

進其位
진 기 위

兄弟忍之
형 제 인 지

家富貴
가 부 귀

忍之 妻 夫
인지 처 부

世 其 終
세 기 종

忍之 友 朋
인지 우 붕

廢 不 名
폐 불 명

忍之 身 自
인지 신 자

害 禍 無
해 화 무

⑥

曰 張 子
왈 장 자

如何 則 忍 不
여하 칙 인 불

曰 子
왈 자

明心寶鑑 筆寫 ⑧戒性篇

忍 不 子 天
인 불 자 천
虛 空 國
허 공 국
忍 不 侯 諸
인 불 후 제
軀 其 喪
구 기 상
忍 不 吏 官
인 불 리 관
誅 法 刑
주 법 형
忍 不 弟 兄
인 불 제 형
居 分 各
거 분 각
忍 不 妻 夫
인 불 처 부
孤 子 令
고 자 영

忍인 不불 友우 朋붕
　　　疎소 意의 情정
　　　　　身신 自자
　　　　　忍인 不불
除제 不부 患환
曰왈 張장 子자
哉재 善선 哉재 善선
忍인 難난 忍인 難난
忍인 不불 人인 非비
人인 非비 忍인 不불

⑦

景行錄云
경 행 록 운

屈己者
굴 기 자

能處重
능 처 중

好勝者
호 승 자

必遇敵
필 우 적

⑧

惡人
악 인

罵善人
매 선 인

善人
선 인

摠不對
총 부 대

明心寶鑑 筆寫 ⑧戒性篇

閑心不對
한 청 심 부 대
者 罵
자 매
沸 熱 口
비 열 구
天 唾 人 如 正
천 타 인 여 정
墜 身 己 從 還
추 신 기 종 환

⑨

罵 人 被 若 我
매 인 피 약 아
說 分 不 聾 洋
설 분 불 롱 양
空 燒 火 如 譬
공 소 화 여 비

不救自然滅
불 구 자 연 멸

我心
아 심

等虛空
등 허 공

摠爾飜脣舌
총 이 번 순 설

⑩

凡事
범 사

留人情
유 인 정

後來
후 래

好相見
호 상 견

09 勤學篇
근학편

①

子曰
자 왈

博學而篤志
박학이독지

切問而近思
절문이근사

仁在其中矣
인재기중의

②

莊子曰
장자왈

人之不學
인지불학

如登天而無術
여등천이무술

學而智遠
학 이 지 원

如披祥雲而覩青天
여 피 상 운 이 도 청 천

登高山而望四海
등 고 산 이 망 사 해

③

禮記曰
예 기 왈

玉不琢
옥 불 탁

不成器
불 성 기

人不學
인 불 학

不知義
부 지 의

④

太公曰
태공왈

人生不學
인생불학

如冥冥夜行
여 명 명 야 행

⑤

韓文公曰
한 문 공 왈

人不通古今
인 불 통 고 금

馬牛而襟裾
마 우 이 금 거

⑥

朱文公曰
주 문 공 왈

家若貧
가 약 빈

不可因貧而廢學
불 가 인 빈 이 폐 학

明心寶鑑 筆寫 ⑨勤學篇

家若富
가 약 부

不可恃富而怠學
불 가 시 부 이 태 학

貧若勤學
빈 약 근 학

可以立身
가 이 립 신

富若勤學
부 약 근 학

名乃光榮
명 내 광 영

惟見學者顯達
유 견 학 자 현 달

不見學者無成
불 견 학 자 무 성

學者
학 자

乃身之寶
내 신 지 보

學者
학 자

乃世之珍
내 세 지 진

是故
시 고

學則乃爲君子
학 칙 내 위 군 자

不學則爲小人
불 학 칙 위 소 인

後之學者
후 지 학 자

宜各勉之
의 각 면 지

⑦

徽宗皇帝曰
휘 종 황 제 왈

學者
학 자

稻 如 禾 如
도 여 화 여
者 學 不
자 학 불

草 如 蒿 如
초 여 호 여

兮 稻 如 禾 如
혜 도 여 화 여

糧 精 之 國
량 정 지 국

寶 大 之 世
보 대 지 세

兮 草 如 蒿 如
혜 초 여 호 여

嫌 憎 者 耕
혐 증 자 경

惱 煩 者 鋤
뇌 번 자 서

墻 面 日 他
장 면 일 타

悔之已老
회 지 이 노

⑧

論語曰
론 어 왈

學如不及
학 여 불 급

惟恐失之
유 공 실 지

10. 訓子篇
   훈 자 편

①

景行錄云
경 행 록 운

賓客不來門戶俗
빈 객 불 래 문 호 속

詩 書 無 敎 子 孫 愚
시 서 무 교 자 손 우

②

莊 子 曰
장 자 왈

事 雖 小
사 수 소

不 作
부 작

不 成
불 성

子 雖 賢
자 수 현

不 敎
불 교

不 明
불 명

③

漢書云
한 서 운

黃金滿
황 금 만

不如敎子一經
불 여 교 자 일 경

賜子千金
사 자 천 금

不如敎子一藝
불 여 교 자 일 예

④

至樂
지 락

莫如讀書
막 여 독 서

至要
지 요

莫如敎子
막 여 교 자

⑤

呂榮公曰
여 영 공 왈

內無賢父兄
내 무 현 부 형

外無嚴師友
외 무 엄 사 우

而能有成者
이 능 유 성 자

鮮矣
선 의

⑥

太公曰
태 공 왈

男子失敎
남 자 실 교

長必頑愚
장 필 완 우

女子失敎
녀 자 실 교

疎 序 必 長
소 서 필 장

⑦

大 長 年 男
대 장 년 남

酒 樂 習 莫
주 악 습 막

大 長 年 女
대 장 년 여

走 遊 令 莫
주 유 령 막

⑧

父 嚴
부 엄

子 孝 出
자 효 출

母 嚴
모 엄

女 孝 出
녀 효 출

⑨

憐兒
련 아

多與棒
다 여 봉

憎兒
증 아

多與食
다 여 식

⑩

人皆愛珠玉
인 개 애 주 옥

我愛子孫賢
아 애 자 손 현

11. 省心篇 上
성 심 편 상

①

景行錄云
경 행 록 운

寶貨
보 화

用之有盡
용 지 유 진

忠孝
충 효

享之無窮
향 지 무 궁

②

家和貧也好
가 화 빈 야 호

不義富如何
불 의 부 여 하

但存一子孝
단 존 일 자 효

何用子孫多
하 용 자 손 다

③

父不憂心因子孝
부 불 우 심 인 자 효

夫無煩惱是妻賢
부 무 번 뇌 시 처 현

言多語失皆因酒
언 다 어 실 개 인 주

義斷親疎只爲錢
의 단 친 소 지 위 전

④

旣取非常樂
기 취 비 상 락

須防不測憂
수 방 불 측 우

⑤

得寵思辱
득 총 사 욕

居安慮危
거 안 려 위

⑥

榮輕辱淺
영 경 욕 천

利重害深
이 중 해 심

⑦

甚愛必甚費
심 애 필 심 비

甚譽必甚毀
심 예 필 심 훼

甚喜必甚憂
심 희 필 심 우

甚贓必甚亡
심 장 필 심 망

⑧

子曰
자 왈

不觀高崖
불 관 고 애

何以知顚墜之患
하 이 지 전 추 지 환

不臨深泉
불 임 심 천

何以知沒溺之患
하 이 지 몰 익 지 환

不觀巨海
불 관 거 해

何以知風波之患
하 이 지 풍 파 지 환

⑨

欲知未來
욕 지 미 래

先察已然
선 찰 이 연

⑩

子曰
자 왈

明鏡
명 경

所以察形
소 이 찰 형

往者
왕 자

所以知今
소 이 지 금

⑪

過去事
과 거 사

明如鏡
명 여 경

未來事
미 래 사

暗似漆
암 사 칠

⑫

景行錄云
경행록운

明朝之事
명조지사

薄暮
박모

不可
불가

薄暮之
박모지

哺時
포시

不可必
불가필

⑬

天有不測風雨
천유불측풍우

人有朝夕禍福
인유조석화복

⑭

尺土 未歸 三尺土
척토 미귀 삼척토
難保 百年身
난보 백년신
已歸 三尺土
이귀 삼척토
難保 百年墳
난보 백년분

⑮

景行錄云
경행록운
木有所養則
목유소양칙
根本固而枝
근본고이지
葉茂
엽무
棟樑之材成
동량지재성

水有所養則
수 유 소 양 칙

泉源壯而流派長
천 원 장 이 유 파 장

灌漑之利博,
관 개 지 이 박

人有所養則志
인 유 소 양 칙 지

氣大而識見明
기 대 이 식 견 명

忠義之士出
충 의 지 사 출

可不養哉
가 부 양 재

⑯

自信者
자 신 자

人亦信之
인 역 신 지

明心寶鑑 筆寫 ⑪ 省心篇 上

越 吳
오 월

兄 弟
개 형 제

自 疑 者
자 의 자

人 亦 疑 之
인 역 의 지

身 外 皆 敵 國
신 외 개 적 국

⑰

疑 人 莫 用
의 인 막 용

用 人 勿 疑
용 인 물 의

⑱

諷 諫 云 水 底
풍 간 운 수 저

魚 天 邊 雁
어 천 변 안

高可射兮低可釣
고 가 사 혜 저 가 조
惟有人心咫尺間
유 유 인 심 지 척 간
咫尺人心不可料
지 척 인 심 불 가 료

⑲

畵虎畵皮難畵骨
화 호 화 피 난 화 골
知人知面不知心
지 인 지 면 부 지 심

⑳

對面共話
대 면 공 화
心隔千山
심 격 천 산

㉑

海枯終見底
해 고 종 견 저

人死不知心
인 사 부 지 심

㉒

太公曰凡人
태 공 왈 범 인

不可逆相
불 가 역 상

海水
해 수

不可斗量
불 가 두 량

㉓

景行錄云
경 행 록 운

結怨於人
결 원 어 인

謂之種禍
위 지 종 화

捨善不爲
사 선 불 위

謂之自賊
위 지 자 적

㉔

若廳一面說
약 청 일 면 설

便見相離別
편 견 상 이 별

㉕

飽煖
포 난

思淫慾
사 음 욕

飢寒
기 한

發道心
발 도 심

㉖

疎廣曰
소 광 왈

明心寶鑑 筆寫 ⑪ 省心篇 上

賢人多財則損其志
현 인 다 재 칙 손 기 지
愚人多財則益其過
우 인 다 재 칙 익 기 과

㉗
人貧智短
인 빈 지 단
福至心靈
복 지 심 령

㉘
不經一事
불 경 일 사
不長一智
불 장 일 지

㉙
是非終日有
시 비 종 일 유
不聽自然無
불 청 자 연 무

㉚
來說是非者
내 설 시 비 자

便是是非人
편 시 시 비 인

㉛
擊壤詩云
격 양 시 운

平生
평 생

不作皺眉事
부 작 추 미 사

世上
세 상

應無切齒
응 무 절 치

大名
대 명

豈有鐫頑石
기 유 전 완 석

明心寶鑑 筆寫 ⑪ 省心篇 上

路 上 行 人
로 상 행 인

口 勝 碑
구 승 비

㉜

有 麝 自 然 香
유 사 자 연 향

何 必 當 風 立
하 필 당 풍 립

㉝

有 福 莫 享 盡
유 복 막 향 진

福 盡 身 貧 窮
복 진 신 빈 궁

有 勢 莫 使 盡
유 세 막 사 진

勢 盡 冤 相 逢
세 진 원 상 봉

福 兮 常 自 惜
복 혜 상 자 석

恭自常兮勢
공자상혜세

侈與驕生人
치여교생인

終無多始有
종무다시유

㉞

曰銘留四政參王
왈명유사정참왕

巧之盡不餘有留
교지진부여유유

物造還以
물조환이

祿之盡不餘有留
록지진부여유유

廷朝還以
정조환이

財之盡不餘有留
재지진부여유유

以還百姓
이 환 백 성

留有餘不盡之福
유 유 여 부 진 지 복

以還子孫
이 환 자 손

㉟

黃金千兩
황 금 천 량

未爲貴
미 위 귀

得人一語勝千金
득 인 일 어 승 천 금

㊱

巧者
교 자

拙之奴
졸 지 노

苦者
고 자

樂之母
낙 지 모

㊲

小 船
소 선

難 堪 重 載
난 감 중 재

深 逕
심 경

不 宜 獨 行
불 의 독 행

㊳

黃 金
황 금

未 是 貴
미 시 귀

安 樂
안 락

值 錢 多
치 전 다

㊴

在家
재 가

不會邀賓客
불 회 요 빈 객

出外
출 외

方知小主人
방 지 소 주 인

㊵

貧居鬧市無相識
빈 거 료 시 무 상 식

富住深山有遠親
부 주 심 산 유 원 친

㊶

人義
인 의

盡從貧處斷
진 종 빈 처 단

世情
세 정

便 向 有 錢 家
변 향 유 전 가

㊷

寧 塞 無 底 缸
녕 색 무 저 항

難 塞 鼻 下 橫
난 색 비 하 횡

㊸

人 情
인 정

皆 爲 窘 中 疎
개 위 군 중 소

㊹

史 記 曰
사 기 왈

郊 天 禮 廟
교 천 예 묘

非酒不享
비 주 불 향

君臣朋友
군 신 붕 우

非酒不義
비 주 불 의

鬪爭相和
투 쟁 상 화

非酒不勸
비 주 불 권

故
고

酒有成敗而
주 유 성 패 이

不可泛飮之
불 가 범 음 지

㊺

子曰
자 왈

士 志 於 道 而 恥
사 지 어 도 이 치

惡 衣 惡 食 者
악 의 악 식 자

未 足 與 議 也
미 족 여 의 야

㊻

荀 子 曰
순 자 왈

士 有 妬 友 則
사 유 투 우 칙

賢 交 不 親
현 교 불 친

君 有 妬 臣 則
군 유 투 신 칙

賢 人 不 至
현 인 부 지

㊼

天 不 生 無 祿 之 人
천 불 생 무 록 지 인

地不長無名之草
지 부 장 무 명 지 초

㊽
大富由天
대 부 유 천
小富由勤
소 부 유 근

㊾
成家之兒惜糞如金
성 가 지 아 석 분 여 금
敗家之兒用金如糞
패 가 지 아 용 금 여 분

㊿

康節邵先生曰
강 절 소 선 생 왈

閑居
한 거

愼勿說無妨
신 물 설 무 방

爽說無妨便有妨
상 설 무 방 변 유 방

爽口勿多能作疾
상 구 물 다 능 작 질

快心事過必有殃
쾌 심 사 과 필 유 앙

與其病後能服藥
여 기 병 후 능 복 약

不若病前能自防
불 약 병 전 능 자 방

(51)

梓潼帝君垂訓曰
재 동 제 군 수 훈 왈

明心寶鑑 筆寫 ⑪ 省心篇 上

妙藥
묘 약

難醫債病
난 의 채 병

橫財
횡 재

不富命窮人
불 부 명 궁 인

生事事生
생 사 사 생

君莫怨
군 막 원

害人人害
해 인 인 해

汝休嗔
여 휴 진

天地自然皆有報
천 지 자 연 개 유 보

遠在兒孫近在身
원 재 아 손 근 재 신

(52)

花落花開開又落 화락화개개우락
錦衣布衣更換着 금의포의갱환착
豪家未必常富貴 호가미필상부귀
貧家未必長寂寞 빈가미필장적막
扶人未必上靑 부인미필상청
推人未必塡邱壑 추인미필전구학
勸君凡事 권군범사
莫怨天 막원천
天意於人 천의어인

薄厚無
박 후 무

(53)

蛇似毒心人歎堪
사 사 독 심 인 탄 감

車如轉眼天知誰
차 여 전 안 천 지 수

物隣東取妄年去
물 인 동 취 망 년 거

家舍北歸還日今
가 사 북 귀 환 일 금

雪潑湯財錢義無
설 발 탕 재 전 의 무

沙推水地田來
사 추 수 지 전 래

計生爲譎狡將若
계 생 위 휼 교 장 약

花落暮雲朝似恰
화 락 모 운 조 사 흡

(54)

無藥可醫卿相壽
무약가의경상수

有錢難買子孫賢
유전난매자손현

(55)

一日淸閑一日仙
일일청한일일선

(56)

眞宗皇帝御製曰
진종황제어제왈

知危識險
지위식험

終無羅網之門
종무라망지문

擧善薦賢
거선천현

自有安身之路
자유안신지노

德布仁施
덕 포 인 시

昌榮之代世乃
창 영 지 대 세 내

寃報妬懷
원 보 투 회

患爲之孫子與
환 위 지 손 자 여

己利人損
기 이 인 손

仍雲達顯無終
잉 운 달 현 무 종

家成衆害
가 성 중 해

貴富久長有豈
귀 부 구 장 유 기

體異名改
체 이 명 개

生而語巧人皆
생 이 어 교 인 개

禍起傷身
화 기 상 신

皆是不仁之召
개 시 불 인 지 소

(57)

神宗皇帝御製曰
신 종 황 제 어 제 왈

遠非道之財
원 비 도 지 재

戒過度之酒
계 과 도 지 주

居必擇隣
거 필 택 린

交必擇友
교 필 택 우

嫉妬
질 투

勿起於心
물 기 어 심

明心寶鑑 筆寫 ⑪ 省心篇 ㊤

讒言
참 언

勿宣於口者
물 선 어 구

骨肉貧者
골 육 빈 자

莫疎
막 소

他人富者
타 인 부 자

莫厚
막 후

克己
극 기

以勤儉爲先
이 근 검 위 선

愛衆以謙和爲首
애 중 이 겸 화 위 수

常思已往之非
상 사 이 왕 지 비

明心寶鑑 筆寫 ⑪ 省心篇 上

每念未來之咎
매 념 미 래 지 구

若依朕之斯言
약 의 짐 지 사 언

治國家而可久
치 국 가 이 가 구

(58)

高宗皇帝御製曰
고 종 황 제 어 제 왈

一星之火
일 성 지 화

能燒萬頃之薪
능 소 만 경 지 신

半句非言
반 구 비 언

誤損平生之德
오 손 평 생 지 덕

身被一縷
신 피 일 루

常思織女之勞
상 사 직 녀 지 로

日食三
일 식 삼

每念農夫之苦
매 념 농 부 지 고

苟貪妬損
구 탐 투 손

終無十載安康
종 무 십 재 안 강

積善存仁
적 선 존 인

必有榮華後裔
필 유 영 화 후 예

福緣善慶
복 연 선 경

多因積行而生
다 인 적 행 이 생

入聖超凡
입 성 초 범

盡是眞實而得
진 시 진 실 이 득

(59)

王良曰慾知其君
왕 량 왈 욕 지 기 군

先視其臣
선 시 기 신

欲識其人
욕 식 기 인

先視其友
선 시 기 우

欲知其父
욕 지 기 부

先視其子
선 시 기 자

君聖臣忠
군 성 신 충

父慈子孝
부 자 자 효

(60)

家語云
가어운

水至淸則無魚
수지청칙무어

人至察則無徒
인지찰칙무도

(61)

許敬宗曰
허경종왈

春雨如膏 行人惡其泥
춘우여고 행인오기니

秋月
추월

揚輝
양 휘

盜者
도 자

憎其照鑑
증 기 조 감

(62)

景行錄云
경 행 록 운

大丈夫
대 장 부

見善明故
견 선 명 고

重名節於泰山
중 명 절 어 태 산

用心精故
용 심 정 고

輕死生於鴻毛
경 사 생 어 홍 모

(63)

悶人之凶
민인지흉

樂人之善
낙인지선

濟人之急
제인지급

求人之危
구인지위

(64)

經目之事
경목지사

恐未皆眞
공미개진

背後之言
배후지언

豈足深信
기족심신

(65)

不恨自家汲繩短
불한자가급승단
只恨他家苦井深
지한타가고정심

(66)

臟濫
장람

滿天下
만천하

罪拘薄福人
죄구박복인

(67)

天若改常
천약개상

不風卽雨
불풍즉우

人若改常
인약개상

不病卽死
불병즉사

(68)

壯元詩云
장 원 시 운

國正天心順
국 정 천 심 순

官清民自安
관 청 민 자 안

妻賢夫禍小
처 현 부 화 소

子孝父心寬
자 효 부 심 관

(69)

子曰
자 왈

木從繩則直
목 종 승 칙 직

人受諫則聖
인 수 간 칙 성

(70)

明心寶鑑 筆寫 ⑪ 省心篇 上

一派靑山景色幽
일 파 청 산 경 색 유

前人田土後人收
전 인 전 토 후 인 수

後人收得莫歡喜
후 인 수 득 막 환 희

更有收人在後頭
갱 유 수 인 재 후 두

(71)

蘇東坡曰
소 동 파 왈

無故而得千金
무 고 이 득 천 금

不有大福
불 유 대 복

必有大禍
필 유 대 화

(72)

康節邵先生曰
강 절 소 선 생 왈

有人來問卜 如何是禍福
유인래문복 여하시화복
我虧人是禍 人虧我是福
아휴인시화 인휴아시복

(73)

大廈千間 夜臥八尺
대하천간 야와팔척
良田萬頃 日食二升
양전만경 일식이승

(74)

久住令人賤
구 주 영 인 천

頻來親也疎
빈 래 친 야 소

但看三五日
단 간 삼 오 일

相見不如初
상 견 불 여 초

(75)

渴時一滴
갈 시 일 적

如甘露
여 감 로

醉後添盃
취 후 첨 배

不如無
불 여 무

(76)

酒不醉人人自醉
주 불 취 인 인 자 취

色不迷人人自迷
색 불 미 인 인 자 미

(77)

公心
공 심

若比私心
약 비 사 심

何事不辨
하 사 불 변

道念
도 념

若同情念
약 동 정 념

成佛多時
성 불 다 시

(78)

溪先生曰
계 선 생 왈

明心寶鑑 筆寫 ⑪ 省心篇 上

言 者 巧
언 자 교

默 者 拙
묵 자 졸

勞 子 巧
노 자 교

逸 者 拙
일 자 졸

賊 者 巧
적 자 교

德 者 拙
덕 자 졸

凶 者 巧
흉 자 교

吉 者 拙
길 자 졸

嗚 呼 拙
오 호 졸

天 下
천 하

刑政
형정

徹
철

順下安上
순 하 안 상

絶弊淸風
절 폐 청 풍

(79)

易曰
역 왈

尊位而微德
존 위 이 미 덕

大謀而小智
대 모 이 소 지

矣鮮者禍無
의 선 자 화 무

(80)

說苑曰
설 원 왈

成宦 於宦 怠於 官
성 환 어 태 관

愈小 於小 加於 病
유 소 어 가 병

怠懈 於懈 生於 禍
태 해 어 생 화

子妻 於妻 衰於 孝
자 처 어 쇠 효

者四 此四 察
자 사 차 찰

始如 終如 愼
시 여 종 신

(81)

溢則 滿則 器
일 칙 만 기

喪則 滿則 人
상 칙 만 인

(82)

寶非 璧非 尺
보 비 벽 척

明心寶鑑 筆寫 ⑪ 省心篇 上

寸陰是競
촌 음 시 경

(83)

羊羹
양 갱

雖美
수 미

衆口
중 구

難調
난 조

(84)

益智書云
익 지 서 운

白玉
백 옥

投於泥塗
투 어 니 도

不能污穢其色
불 능 오 예 기 색

君子
군 자

行於濁地
행 어 탁 지

不能染亂其心
불 능 염 란 기 심

故
고

松栢
송 백

可以耐雪霜
가 이 내 설 상

明智
명 지

可以涉危難
가 이 섭 위 난

(85)

入山擒虎
입 산 금 호

易 이
開 口 告 人
개 구 고 인
難 난
(86)

遠 水
원 수
不 救 近 火
불 구 근 화
遠 親
원 친
不 如 近 隣
불 여 근 린
(87)

太 公 曰
태 공 왈
日 月
일 월

雖明　　　　　　　
수 명

不照覆盆之下
부 조 복 분 지 하

刀刃
도 인

雖快
수 쾌

不斬無罪之人
불 참 무 죄 지 인

非災橫禍
비 재 횡 화

不入愼家之門
불 입 신 가 지 문

(88)

太公曰
태 공 왈

良田萬頃
양 전 만 경

不如薄藝隨身
불여박예수신

(89)

性理書云
성리서운

接物之要
접물지요

己所不欲
기소불욕

勿施於人
물시어인

行有不得
행유부득

反求諸己
반구제기

(90)

酒色財氣四堵墻
주색재기사도장

多少賢愚在內廂
다소현우재내상

若有世人
약 유 세 인

跳得出
도 득 출

便是神仙不死方
변 시 신 선 불 사 방

12. 立敎篇
입 교 편

①

子曰
자 왈

立身有義而孝其本
립 신 유 의 이 효 기 본

喪祀有禮而哀爲本
상 사 유 례 이 애 위 본

戰陣有列而勇爲本
전 진 유 열 이 용 위 본

治政有理而農爲本
치정유리이농위본

居國有道而嗣爲本
거국유도이사위본

生財有時而力爲本
생재유시이력위본

②

景行錄云
경행록운

爲政之要
위정지요

曰公與淸
왈공여청

成家之道
성가지도

曰儉與勤
왈검여근

③

讀書
독 서

起家之本
기 가 지 본

循理
순 리

保家之本
보 가 지 본

勤儉
근 검

治家之本
치 가 지 본

和順
화 순

齊家之本
제 가 지 본

④

孔子
공 자

三計圖云 一生之計
삼 계 도 운 일 생 지 계

在於幼
재 어 유

一年之計
일 년 지 계

在於春
재 어 춘

一日之計
일 일 지 계

在於寅
재 어 인

幼而不學
유 이 불 학

老無所知
노 무 소 지

春若不耕
춘 약 불 경

秋無所望
추 무 소 망

起 不 若 寅
기 불 약 인
辨 所 無 日
판 소 무 일

⑤

云 書 理 性
운 서 리 성
目 之 敎 五
목 지 교 오
親 有 子 父
친 유 자 부
義 有 臣 君
의 유 신 군
別 有 婦 夫
별 유 부 부
序 有 幼 長
서 유 유 장
信 有 友 朋
신 유 우 붕

⑥

三綱
삼 강

君爲臣綱
군 위 신 강

父爲子綱
부 위 자 강

夫爲婦綱
부 위 부 강

⑦

王曰忠臣
왕 왈 충 신

不事二君
불 사 이 군

烈女
열 녀

不更二夫
불 갱 이 부

⑧

官 治 曰 子 忠
관 치 왈 자 충

平 若 莫
평 약 막

財 臨
재 임

廉 若 莫
렴 약 막

⑨

曰 銘 右 座 叔 思 張
왈 명 우 좌 숙 사 장

語 凡
어 범

信 忠 必
신 충 필

行 凡
행 범

敬 篤 必
경 독 필

食 飮
식 음

節 愼 必
절 신 필

劃 字
획 자

正 楷 必
정 해 필

貌 容
모 용

莊 端 必
장 단 필

冠 衣
관 의

肅 整 必
숙 정 필

履 步
리 보

詳 安 必
상 안 필

處居 거처
精正必 정정필
事作 사작
始謀必 시모필
言出 언출
行顧必 행고필
德常 덕상
持固必 지고필
諾然 낙연
應重必 응중필

見善如己出
견선여기출

見惡如己病
견악여기병

凡此十四者
범차십사자

皆我未深省
개아미심성

書此當座右
서차당좌우

朝夕視爲警
조석시위경

⑩

范益謙座右銘曰
범익겸좌우명왈

一不言朝廷利
일불언조정리

害邊報差除
해변보차제

縣州言不二
현주언불이
失得短長員官
실득단장원관
人衆言不三
인중언불삼
事之惡過作所
사지악과작소
進仕言不四
진사언불사
勢附時趨職官
세부시추직관
多利財言不五
다리재언불오
富求貧厭少
부구빈염소
戱淫言不六
희음언불육
色女論評慢
색여론평만

七　不　言　求　覓
칠　불　언　구　멱

人　物　千　索　酒　食
인　물　간　색　주　식

又　人　付　書　信
우　인　부　서　신

不　可　開　坼　沈　滯
불　가　개　탁　침　체

與　人　拜　座
여　인　배　좌

不　可　窺　人　私　書
불　가　규　인　사　서

凡　入　人　家
범　입　인　가

不　可　看　人　文　字
불　가　간　인　문　자

凡　借　人　物
범　차　인　물

不　可　損　壞　不　還
불　가　손　괴　불　환

凡喫飲食
범끽음식

不可揀擇去取
불가간택거취

與人同處
여인동처

不可自擇便利
불가자택편리

凡人富貴
범인부귀

不可歎羨毀
불가탄선훼

凡此數事
범차수사

有犯之者
유범지자

足以見用心之不正
족이견용심지부정

於正心修身
어정심수신

大有所害
대유소해

因書以自警
인서이자경

⑪

武王問太公曰
무왕문태공왈

人居世上
인거세상

何得貴賤貧富不等
하득귀천빈부부등

原聞說之
원문설지

欲之是矣
욕지시의

太公曰
태공왈

富貴
부귀

如 聖 人 之 德
여 성 인 지 덕

皆 由 天 命
개 유 천 명

富 者
부 자

用 之 有 節
용 지 유 절

不 富 者
불 부 자

家 有 十 盜
가 유 십 도

⑫

武 王 曰
무 왕 왈

何 謂 十 盜
하 위 십 도

太 公 曰
태 공 왈

收不熟時
수 불 숙 시

盜一爲
도 일 위

了不積收
료 불 적 수

盜二爲
도 이 위

睡寢燈燃事無
수 침 등 연 사 무

盜三爲
도 삼 위

耕不懶
경 불 나

盜四爲
도 사 위

力功施不
력 공 시 불

盜五爲
도 오 위

害巧行專
해 교 행 전

盜六爲
도 육 위

多太女養
다 태 녀 양

盜七爲
도 칠 위

起懶眠晝
기 나 면 주

盜八爲
도 팔 위

慾嗜酒貪
욕 기 주 탐

妬嫉行強
투 질 행 강

盜十爲
도 십 위

⑬

武王曰
무 왕 왈

家無十盜而不富者
가 무 십 도 이 불 부 자

何如
하 여

太公曰
태 공 왈

人家
인 가

必有三耗
필 유 삼 모

武王曰
무 왕 왈

何名三耗
하 명 삼 모

太公曰
태 공 왈

倉庫漏濫不蓋
창 고 루 람 불 개

鼠雀亂食
서 작 난 식

爲一耗
위 일 모

收種失時
수 종 실 시

爲二耗
위 이 모

抛撒米穀穢賤
포 살 미 곡 예 천

爲三耗
위 삼 모

⑭

武王曰
무 왕 왈

家無三耗而不富者
가 무 삼 모 이 불 부 자

何如
하 여

太公曰
태공왈

人家
인가

必有一錯二誤三痴
필유일착이오삼치

四失五逆六不祥七
사실오역육불상칠

奴八賤九愚十强
노팔천구우십강

自招其禍
자초기화

非天降殃
비천강앙

⑮

武王曰
무왕왈

願悉聞之
원실문지

太公曰
태공왈

養男不敎訓
양남불교훈

爲一錯
위일착

孾孩不訓
상해불훈

爲二誤
위이오

初迎新婦不行嚴訓
초영신부불행엄훈

爲三痴
위삼치

未語先笑
미어선소

爲四失
위사실

不養父母
불양부모

逆身 오역
不祥 위 오역
赤身 야 기 적 신
爲六不祥 위 육 불 상
好挽他弓 호 만 타 궁
爲七奴 위 칠 노
愛騎他馬 애 기 타 마
爲八賤 위 팔 천
喫他酒勸他人 끽 타 주 권 타 인
爲九愚 위 구 우
喫他飯命朋友 끽 타 반 명 붕 우

強十爲
강 십 위

武王曰
무 왕 왈

誠哉美甚
성 재 미 심

是言也
시 언 야

13. 治政篇
치 정 편

①

明道先生曰
명 도 선 생 왈

一命之士
일 명 지 사

苟有存心於愛物
구 유 존 심 어 애 물

人 於
인 어

濟 所 有 必
제 소 유 필

②

唐 太 宗 御 製 云
당 태 종 어 제 운

上 有 麾 之
상 유 휘 지

中 有 乘 之
중 유 승 지

下 有 附 之
하 유 부 지

幣 帛 衣 之
폐 백 의 지

倉 稟 食 之
창 품 식 지

爾 俸 爾 祿
이 봉 이 록

脂 民 膏 民
지 민 고 민

民 下
민 하

虐 易
학 이

蒼 上
창 상

欺 難
기 난

③

童 蒙 訓 曰
동 몽 훈 왈

當 官 之 法
당 관 지 법

唯 有 三 事
유 유 삼 사

曰 淸 曰 愼 曰 勤
왈 청 왈 신 왈 근

知此三者
지 차 삼 자

知所以持身矣
지 소 이 지 신 의

④

當官者
당 관 자

必以暴怒爲戒
필 이 폭 노 위 계

事有不可
사 유 불 가

當詳處之
당 상 처 지

必無不中
필 무 부 중

若先暴怒
약 선 폭 노

只能自害
지 능 자 해

豈能害人
기 능 해 인

⑤

事君
사 군

如事親
여 사 친

事長官
사 장 관

如事兄
여 사 형

與同僚
여 동 료

如家人
여 가 인

待群吏
대 군 리

如奴僕
여 노 복

愛百姓
애 백 성

如妻子
여 처 자

處官事
처 관 사

如家事然後
여 가 사 연 후

能盡吾之心
능 진 오 지 심

如有毫末不至
여 유 호 말 부 지

皆吾心
개 오 심

有所未盡也
유 소 미 진 야

⑥

或問簿佐令者也
혹 문 부 좌 령 자 야

爲所欲爲(위소욕부)
從不或令(종부혹영)
何奈(하내)

伊川先生曰(이천선생왈)
當以誠意動之(당이성의동지)
今令與簿不和(금령여부불화)
便是爭私意(변시쟁사의)
是邑之長(시읍지장)
若能以事(약능이사)
父兄之道(부형지도)

事之
사 지

過則歸己
과 칙 귀 기

善則唯恐
선 칙 유 공

不歸於令
불 귀 어 령

積此誠意
적 차 성 의

豈有不動得人
기 유 부 동 득 인

⑦

劉安禮
유 안 례

問臨民
문 림 민

明道先生曰
명 도 선 생 왈

使民
사 민

各得輸其情
각 득 수 기 정

問御吏
문 어 리

曰正己以格物
왈 정 기 이 격 물

⑧

抱朴子曰
포 박 자 왈

迎斧鉞而正諫
영 부 월 이 정 간

據鼎而盡言
거 정 이 진 언

此謂忠臣也
차 위 충 신 야

14. 治家篇
치 가 편

①

司 馬 溫 公 曰
사 마 온 공 왈

凡 諸 卑 幼 事 無 大 小
범 제 비 유 사 무 대 소

毋 得 專 行
무 득 전 행

必 咨 稟 於 家 長
필 자 품 어 가 장

②

待 客
대 객

不 得 不 豊
부 득 불 풍

治 家
치 가

明心寶鑑 筆寫 ⑭ 治家篇

不得不儉
부 득 불 검

③

太公曰
태 공 왈

痴人
치 인

畏婦
외 부

賢女
현 녀

敬夫
경 부

④

凡使奴僕
범 사 노 복

先念飢寒
선 념 기 한

⑤

子孝雙親樂
자 효 쌍 친 락

家和萬事成
가 화 만 사 성

⑥

時時防火發
시 시 방 화 발

夜夜備賊來
야 야 비 적 래

⑦

景行錄云
경 행 록 운

觀朝夕之早晏
관 조 석 지 조 안

可以卜人家之興替
가 이 복 인 가 지 흥 체

⑧

文仲子曰
문 중 자 왈

婚娶而論財
혼 취 이 논 재

夷虜之道也
이 로 지 도 야

15. 安義篇
안 의 편

①

顏氏家訓曰
안 씨 가 훈 왈

夫有人民而後
부 유 인 민 이 후

有夫婦
유 부 부

有夫婦而後
유 부 부 이 후

有父子
유 부 자

有父子而後
유 부 자 이 후

有兄弟
유 형 제

一家之親
일 가 지 친

此三者而已矣
차 삼 자 이 이 의

自兹以往
자 자 이 왕

至于九族
지 우 구 족

皆本於三親焉故
개 본 어 삼 친 언 고

於人倫
어 인 륜

爲重也
위 중 야

篤 無 可 不
독 무 가 불

②

兄弟 曰 子 莊
형제 왈 자 장

爲 手 足
위 수 족

夫 婦
부 부

爲 衣 服
위 의 복

衣 服 破 時
의 복 파 시

更 得 新
경 득 신

手 足 斷 處
수 족 단 처

難 可 續
난 가 속

③

蘇 東 坡 云
소 동 파 운

富 不 親 兮 貧 不 疎
부 불 친 혜 빈 불 소

此 是 人 間 大 丈 夫
차 시 인 간 대 장 부

富 則 進 兮 貧 則 退
부 칙 진 혜 빈 칙 퇴

此 是 人 間 眞 小 輩
차 시 인 간 진 소 배

16. 遵禮篇

①

子曰
자 왈

居家有禮故
거 가 유 례 고

長幼辨
장 유 변

閨門有禮故
규 문 유 례 고

三族和
삼 족 화

朝廷有禮故
조 정 유 례 고

官爵序
관 작 서

田獵有禮故
전 렵 유 례 고

戎事閑
융사한

軍旅有禮故
군여유례고

武功成
무공성

②

子曰
자왈

君子有勇而無禮
군자유용이무례

爲亂
위란

小人
소인

有勇而無禮
유용이무례

爲盜
위도

③

曾子曰
증자왈

朝廷
조정

莫如爵
막여작

鄉黨
향당

莫如齒
막여치

輔世長民
보세장민

莫如德
막여덕

④

老少長幼
로소장유

天分秩序
천분질서

不可悖理而傷道也
불 가 패 리 이 상 도 야

⑤

出門如見大賓
출 문 여 견 대 빈

入室如有人
입 실 여 유 인

⑥

若要人重我
약 요 인 중 아

無過我重人
무 과 아 중 인

⑦

父不言子之德
부 불 언 자 지 덕

子不談父之過
자 부 담 부 지 과

17. 言語篇
언어편

①

劉會曰
유 회 왈

言不中理
언 부 중 리

不如不言
불 여 불 언

②

一言不中
일 언 부 중

千語無用
천 어 무 용

③

君平曰
군 평 왈

口舌者
구 설 자

禍患之門
화환지문

滅身之斧也
멸신지부야

④

利人之言
이인지언

煖如綿絮
난여면서

傷人之語
상인지어

利如荊棘
이여형극

一言半句
일언반구

重值千金
중치천금

一語傷人
일어상인

痛如刀割
통여도할

⑤

口是傷人斧
구시상인부

言是割舌刀
언시할설도

閉口深藏舌
폐구심장설

安身處處牢
안신처처뢰

⑥

逢人且說三分話
봉인차설삼분화

未可全抛一片心
미가전포일편심

不虎生三個口
불호생삼개구

只恐人情兩樣心
지공인정양양심

⑦

酒逢知己千鍾少
주 봉 지 기 천 종 소
話不投機一句多
화 불 투 기 일 구 다

18. 交友篇
교 우 편

①

子曰與善人居
자 왈 여 선 인 거
如入芝蘭之室
여 입 지 란 지 실
久而不聞其香
구 이 불 문 기 향
即與之化矣
즉 여 지 화 의
與不善人居
여 불 선 인 거

如入鮑魚之肆
여 입 포 어 지 사

久而不聞其臭
구 이 불 문 기 취

亦與之化矣
역 여 지 화 의

丹之所藏者
단 지 소 장 자

赤
적

漆之所藏者
칠 지 소 장 자

黑
흑

是以
시 이

君子
군 자

必愼其所
필 신 기 소

與處者焉
여 처 자 언

②

家語云
가 어 운

與好人同行
여 호 인 동 행

如霧露中行
여 무 로 중 행

雖不濕衣
수 불 습 의

時時有潤
시 시 유 윤

與無識人同行
여 무 식 인 동 행

如廁中座
여 측 중 좌

雖不污衣
수 불 오 의

臭 聞 時 時
취 문 시 시

③

子 曰
자 왈

晏 平 仲 善 與 人 交
안 평 중 선 여 인 교

久 而 敬 之
구 이 경 지

④

相 識
상 식

滿 天 下
만 천 하

知 心 能 幾 人
지 심 능 기 인

⑤

酒 食 兄 弟
주 식 형 제

有 朋
유 붕

之
지

難
난

個
개

千
천

急
급

無
무

個
개

一
일

⑥

花
화

種
종

子
자

結
결

不
불

朋
붕

之
지

要
요

義
의

休
휴

無
무

可
가

不
불

⑦

交
교

之
지

君
군

子
자

水
수

如
여

淡
담

小人之交
소 인 지 교

甘若醴
감 약 례

⑧

路遙知馬力
로 요 지 마 력

日久見人心
일 구 견 인 심

19. 婦行篇
부 행 편

①

益智書云
익 지 서 운

女有四德之譽
여 유 사 덕 지 예

⑲ 婦行篇

一曰婦德,
일 왈 부 덕

二曰婦容
이 왈 부 용

三曰婦言
삼 왈 부 언

四曰婦工也
사 왈 부 공 야

婦德者
부 덕 자

不必才名絶異
불 필 재 명 절 이

婦容者
부 용 자

不必顔色美麗
불 필 안 색 미 려

婦言者
부 언 자

不必辯口利詞
불 필 변 구 리 사

明心寶鑑 筆寫 ⑲婦行篇

婦工者
부공자

不必技巧過人也
불필기교과인야

其婦德者
기부덕자

淸貞廉節
청정렴절

守分整齋
수분정재

行止有恥
행지유치

動靜有法
동정유법

此爲婦德也
차위부덕야

婦容者
부용자

洗浣塵垢
세완진구

衣服鮮潔
의복선결

沐浴及時
목욕급시

一身無穢
일신무예

此爲婦容也
차위부용야

婦言者
부언자

擇師而說
택사이설

不談非禮
부담비례

時然後言
시연후언

人不厭其言
인불염기언

此爲婦言也
차위부언야

者 工 婦
자 공 부

積 紡 勤 專
적 방 근 전

酒 暈 好 勿
주 운 호 물

旨 甘 具 供
지 감 구 공

客 賓 奉 以
객 빈 봉 이

也 工 婦 爲 此
야 공 부 위 차

者 德 四 此
자 덕 사 차

所 之 人 婦 是
소 지 인 부 시

者 缺 可 不
자 결 가 불

易 甚 之 爲
이 심 지 위

務之在正
무 지 재 정

依此而行
의 차 이 행

是爲婦節
시 위 부 절

②

太公曰婦人之禮
태 공 왈 부 인 지 례

語必細
어 필 세

③

賢婦
현 부

令夫貴
영 부 귀

惡婦
악 부

令夫賤
영 부 천

④
家 有 賢 妻
가 유 현 처

夫 不 遭 橫 禍
부 부 조 횡 화

⑤
賢 婦
현 부

和 六 親
화 육 친

佞 婦
녕 부

破 六 親
파 육 친

20. 增補篇
증보편

①

周易曰善不積
주역왈선부적

不足以成名
부족이성명

惡不積
악부적

不足以滅身
부족이멸신

小人
소인

以小善
이소선

爲无益而弗爲也
위무익이불위야

以小惡
이소악

爲 无 傷 而 弗 去 也
위 무 상 이 불 거 야

故
고

惡 積 而 不 可 掩
악 적 이 불 가 엄

罪 大 而 不 可 解
죄 대 이 불 가 해

②

履 霜
이 상

堅 氷 至
견 빙 지

臣 弑 其 君
신 시 기 군

子 弑 其 父 非 一
자 시 기 부 비 일

旦 一 夕 之 事
단 일 석 지 사

其 由 來 者 漸 矣
기 유 래 자 점 의

21. 八反歌八首
    팔 반 가 팔 수

①

幼 兒 或 我
유 아 혹 아

我 心
아 심

覺 喜
각 희

父 母 嗔 怒 我
부 모 진 노 아

我 心
아 심

反 不 甘
반 불 감

一 喜 一 不 甘
일 희 일 불 감

待 兒 待 父 心 何 懸
대 아 대 부 심 하 현

勸 君 今 日 逢 親 怒
권 군 금 일 봉 친 노

也 應 將 親 作 兒 看
야 응 장 친 작 아 간

②

兒 曹
아 조

出 千 言
출 천 언

君 聽 常 不 厭
군 청 상 불 염

父 母
부 모

一 開 口
일 개 구

明心寶鑑 筆寫 ㉑ 八反歌八首

便(편) 道(도) 多(다) 閑(한) 管(관)
非(비) 閑(한) 管(관) 親(친) 掛(괘) 牽(견)
皓(호) 首(수) 白(백) 頭(두)
多(다) 傷(상) 諫(간)
勸(권) 君(군) 敬(경) 奉(봉) 老(로) 人(인) 言(언)
莫(막) 敎(교) 乳(유) 口(구) 爭(쟁) 長(장) 短(단)

③

幼(유) 兒(아) 尿(뇨) 糞(분) 穢(예)
君(군) 心(심)
無(무) 厭(염) 忌(기)

明心寶鑑 筆寫 ㉑ 八反歌八首

零 唾 涕 親 老
영 타 체 친 로
意 嫌 憎 有 反
의 혐 증 유 반

處 何 來 軀 尺 六
처 하 래 구 척 육
體 汝 成 血 母 精 父
체 여 성 혈 모 정 부

人 來 老 待 敬 君 勸
인 래 노 대 경 군 권
骨 筋 爾 爲 時 壯
골 근 이 위 시 장

④

市 入 晨 君 看
시 입 신 군 간
買 又 餅 買
매 우 병 매
母 父 供 聞 少
모 부 공 문 소

明心寶鑑 筆寫 ㉑ 八反歌八首

多 說 供 兒 曹
다 설 공 아 조

親 未 啖 兒 先 飽
친 미 담 아 선 포

子 心
자 심

不 比 親 心 好
불 비 친 심 호

勸 君 多 出 買 餅 錢
권 군 다 출 매 병 전

供 養 白 頭 光 陰 少
공 양 백 두 광 음 소

⑤

市 間 賣 藥 肆
시 간 매 약 사

惟 有 肥 兒 丸
유 유 비 아 환

未 有 壯 親 者
미 유 장 친 자

何故兩般看
하 고 양 반 간

兒亦病親亦病
아 역 병 친 역 병

醫兒不比醫親症
의 아 불 비 의 친 증

割股
할 고

還是親的肉
환 시 친 적 육

勸君保雙親命
권 군 보 쌍 친 명

⑥

富貴
부 귀

養親易
양 친 역

親常有未安
친 상 유 미 안

明心寶鑑 筆寫 ㉑ 八反歌八首

貧賤
빈 천

養兒難
양 아 난

兒不受饑寒
아 불 수 기 한

一條心兩條路
일 조 심 양 조 로

爲兒終不如爲父
위 아 종 불 여 위 부

勸君兩親
권 군 량 친

如養兒
여 양 아

凡事
범 사

莫推家不富
막 추 가 불 부

⑦

明心寶鑑 筆寫 ㉑ 八反歌八首

養親
양 친

只 有 二 人
지 유 이 인

常 與 兄 弟 爭
상 여 형 제 쟁

養 兒
양 아

雖 十 人
수 십 인

君 皆 獨 自 任
군 개 독 자 임

兒 飽 煖 親 常 問
아 포 난 친 상 문

父 母 饑 寒 不 在 心
부 모 기 한 부 재 심

勸 君 養 親
권 군 양 친

須 竭 力
수 갈 력

食衣初當
식의초당

侵君被
침군피

⑧

慈分十有親
자분십유친

恩其念不君
은기념불군

孝分一有兒
효분일유아

名其揚就君
명기양취군

明兒待暗親待
명아대암친대

心子養堂高識誰
심자양당고식수

孝曹兒信漫君勸
효조아신만군권

兒曹親子在君身
아 조 친 자 재 군 신

22. 孝行-續篇
효 행 속 편

①

孫順
손 순

家貧
가 빈

與其妻
여 기 처

傭作人家以養母
용 작 인 가 이 양 모

有兒每奪母食
유 아 매 탈 모 식

順
순

明心寶鑑 筆寫 ㉒ 孝行-續篇

謂妻曰
위처왈

兒奪母食
아탈모식

兒
아

可得
가득

母難再求
모난재구

乃負兒往歸醉山
내부아왕귀취산

北郊
북교

欲埋堀地
욕매굴지

忽有甚奇石種
홀유심기석종

驚怪試撞之
경괴시당지

容容可愛
용용가애

妻曰得此奇物
처왈득차기물

殆兒之福
태아지복

埋之不可
매지불가

順
순

以爲然
이위연

將兒與鐘還家
장아여종환가

縣於樑撞之
현어량당지

王
왕

聞鐘聲
문종성

而常異遠淸
이 상 이 원 청

實其聞
실 기 문

昔曰
석 왈

子埋巨郭
자 매 거 곽

釜金賜天
부 금 사 천

順孫今
순 손 금

兒埋
아 매

鐘石出地
종 석 출 지

同符後前
동 부 후 전

區一家賜
구 일 가 사

歲給米五十石
세 급 미 오 십 석

②

尚德
상 덕

值年荒＊疫
치 년 황 역

父母飢病濱死
부 모 기 병 빈 사

尚德
상 덕

日夜不解衣
일 야 불 해 의

盡誠安慰
진 성 안 위

無以爲養則
무 이 위 양 칙

肉食之
육 식 지

癰 發 母
옹 발 모
湘 卽 之
상 즉 지
王
왕
之 嘉
지 가
厚 甚 賚 賜
후 심 뢰 사
門 其 旌 命
문 기 정 명
事 紀 石 立
사 기 석 입

③

孝 至 貧 家 氏 都
효 지 빈 가 씨 도
肉 買 炭 賣
육 매 탄 매

㉒ 孝行-續篇

饌母闕無
찬 모 궐 무

日一
일 일

市於
시 어

歸忙而晩
귀 망 이 만

肉攫忽鳶
육 확 홀 연

家至號悲都
가 지 호 비 도

庭於肉投旣鳶
정 어 육 투 기 연

索病母日一
색 병 모 일 일

枾紅之時非
시 홍 지 시 비

林枾徨彷都
림 시 황 방 도

不覺日昏
불 각 일 혼

有虎屢遮前路
유 호 루 차 전 로

以示乘意
이 시 승 의

都乘至百餘里山村
도 승 지 백 여 리 산 촌

訪人家投宿
방 인 가 투 숙

俄而主人
아 이 주 인

饋祭飯而有紅杮
궤 제 반 이 유 홍 시

都喜問杮之來歷
도 희 문 시 지 래 역

且述己意
차 술 기 의

答曰亡父嗜杮故
답 왈 망 부 기 시 고

每秋擇枾二百個
매 추 택 시 이 백 개

藏諸窟中而至此五
장 제 굴 중 이 지 차 오

月則完者不過七八
월 칙 완 자 불 과 칠 팔

今得五十個完者故
금 득 오 십 개 완 자 고

心異之
심 이 지

是天感君孝
시 천 감 군 효

遺以二十顆
유 이 이 십 과

都謝出門外
도 사 출 문 외

虎尚俟伏
호 상 사 복

乘至家
승 지 가

鷄 曉
계 효

後
후

命 天 以 母
명 천 이 모

終
종

淚 血 有 都
루 혈 유 도

23. 廉義篇
염의편

①

觀 印
관 인

市 於 綿 賣
시 어 면 매

有暑調者以
유 서 조 자 이

穀買之而還
곡 매 지 이 환

有鳶
유 연

攫其綿
확 기 면

墮印觀家
타 인 관 가

印觀
인 관

歸于暑調曰
귀 우 서 조 왈

鳶墮汝綿於吾家
연 타 여 면 어 오 가

故
고

還汝
환 여

明心寶鑑 筆寫 ㉓廉義篇

鳶 曰 調 署
연 왈 조 서

汝 與 綿 攫
여 여 면 확

也 天
야 천

受 爲 何 吾
수 위 하 오

曰 觀 印
왈 관 인

穀 汝 還 則 然
곡 여 환 칙 연

曰 調 署
왈 조 서

日 二 市 者 汝 與 吾
일 이 시 자 여 여 오

矣 汝 屬 已 穀
의 여 속 이 곡

人 二
인 이

相讓
상 양

幷棄於市
병 기 어 시

掌市官
장 시 관

以聞王
이 문 왕

竝賜爵
병 사 작

②

洪蘷燮
홍 기 섭

少貧甚無料
소 빈 심 무 료

一日早
일 일 조

婢兒踊躍獻
비 아 용 약 헌

曰　錢　兩　七
왈　전　양　칠
中　鼎　在　此
중　정　재　차
石　數　可　米
석　수　가　미
數　可　柴
수　가　시
賜　天
사　천
公　驚　曰
공　경　왈
金　何　是
금　하　시
人　金　失　書　卽
인　금　실　서　즉
字　等　去　推
자　등　거　추
待　而　楣　門　之　付
대　이　미　문　지　부

者姓劉(자성유) 而(이) 俄(아)
意書(의서) 問(문) 來(래)
之言(지언) 悉(실) 公(공)
金失無理曰劉(금실무리왈유)
內鼎之人(내정지인) 於(어)
也賜天(야사천) 果(과)
之取(지취) 盖(개)
曰(왈) 公(공)
物吾(물오) 非(비)
何(하)

㉓廉義篇 염의편

曰 왈
伏 복
俯 부
劉 유

小 소
的 적

昨 작
夜 야

來 래
鼎 정
爲 위

蕭 소
勢 세
家 가
憐 린
還 환

之 지
施 시
而 이
條 조

价 개
廉 염
之 지
公 공
感 감
今 금

盜 도
發 발
自 자
心 심
良 량

待 대
常 상
更 경
不 불
誓 서

對 대
上 상
欲 욕
願 원

取之 물려취지
勿慮
金曰 공즉환금왈
即還
公

矣善則良爲之汝
의선칙양위지여

取可不金
금불가취

受不終
종불수

後
후

書判爲公
공위판서

龍在子其
기자재룡

舅國宗憲爲
위헌종국구

信見亦劉
유역견신

身家大昌
신 가 대 창

③

高句麗平原王
고 구 려 평 원 왕

之女幼時
지 녀 유 시

好啼
호 제

王戱曰
왕 희 왈

以汝
이 여

將歸愚溫達
장 귀 우 온 달

及長
급 장

欲下嫁于
욕 하 가 우

上部高氏
상 부 고 씨

女以王不可食言
여 이 왕 불 가 식 언

固辭
고 사

終爲溫達之妻
종 위 온 달 지 처

蓋溫達
개 온 달

家貧
가 빈

行乞養母
행 걸 양 모

時人
시 인

目爲愚溫達也
목 위 우 온 달 야

一日
일 일

㉓ 廉義篇 염의편

溫達 온달

自山中 자산중

負楡皮而來 부유피이래

王女訪見曰 왕녀방견왈

吾乃子之匹也 오내자지필야

乃賣首飾而 내매수식이

買田宅器物 매전택기물

頗富 파부

多養馬以資溫達 다양마이자온달

終爲顯榮 종위현영

24. 勸學篇
권 학 편

①

朱 子 曰
주 자 왈

勿 謂 今 日 不 學
물 위 금 일 불 학

而 有 來 日
이 유 래 일

勿 謂 今 年 不 學
물 위 금 년 불 학

而 有 來 年
이 유 래 년

日 月 逝 矣
일 월 서 의

歲 不 我 延
세 불 아 연

嗚呼老矣
오 호 노 의

是誰之愆
시 수 지 건

②

少年
소 년

易老
이 노

學難成
학 난 성

一寸光陰
일 촌 광 음

不可輕
불 가 경

未覺池塘
미 각 지 당

春草夢
춘 초 몽

階前梧葉
계 전 오 엽

已秋聲
이 추 성

③

陶淵明詩云
도 연 명 시 운

盛年
성 년

不重來
부 중 래

一日
일 일

難再晨
난 재 신

及時當勉勵
급 시 당 면 려

歲月
세 월

人 待 不
인 대 부

④

曰 子 荀
왈 자 순

步 積 不
보 적 부

千 至 以 無
천 리 지 이 무

流 小 積 不
류 소 적 부

江 河 成 以 無
강 하 성 이 무

終
종

板 權 誌

❀ 未完成의
　　明心寶鑑
　　筆寫
❀
❀
❀ 초판 1 쇄 2018년 1 월 22일
❀
❀ 著 : 柳 賢 授
　ISBN 979-11-87802-43-3

　편 낸 이 : 도서출판 保 惠
　출판 등록 제2014-000001 호 (2014.01.03.)
　주소 : 천안시 서북구 하리1길 39
　전화 : 010-2239-0675